AF194180

Impressum
Verlag: BABADADA GmbH, Nedderfeld 112 , 22529 Hamburg
Geschäftsführer / Verlagsleitung: Harald Hof
Druck: Books on Demand GmbH, In de Tarpen 42, 22848 Norderstedt

Imprint
Publisher: BABADADA GmbH, Nedderfeld 112 , 22529 Hamburg, Germany
Managing Director / Publishing direction: Harald Hof
Print: Books on Demand GmbH, In de Tarpen 42, 22848 Norderstedt

школа

學校

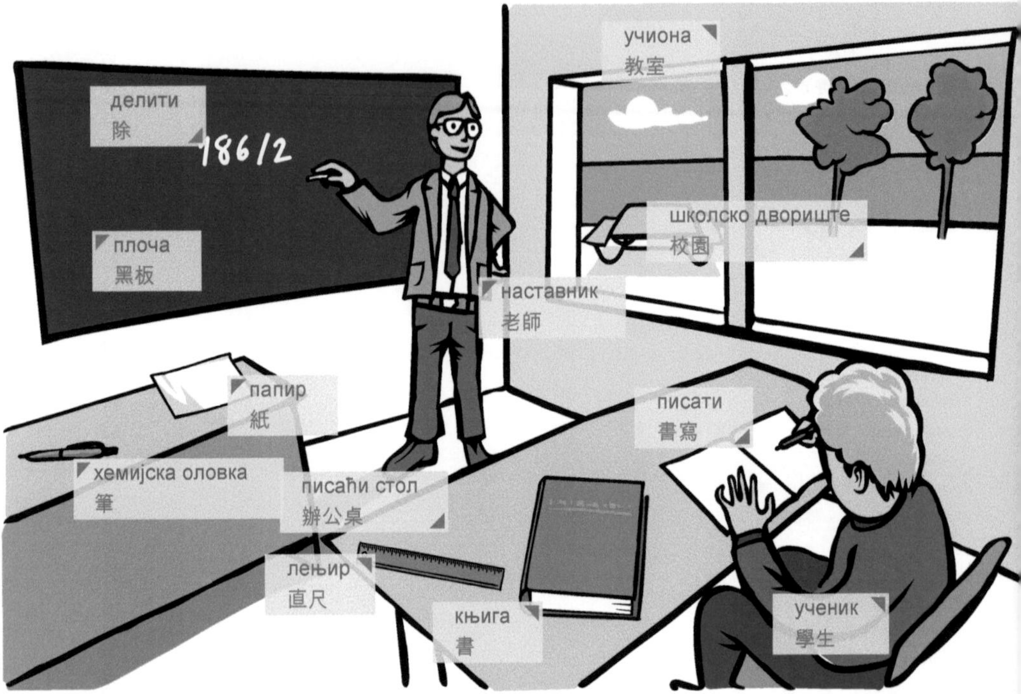

учиона
教室
делити
除
186/2
плоча
黑板
школско двориште
校園
наставник
老師
папир
紙
писати
書寫
хемијска оловка
筆
писаћи стол
辦公桌
лењир
直尺
књига
書
ученик
學生

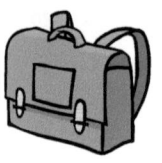

торба

書包

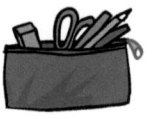

перница

鉛筆盒

графитна оловка

鉛筆

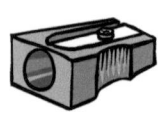

шиљило за оловке

削鉛筆機

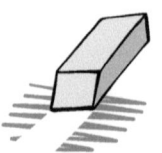

гумица за брисање

橡皮擦

блок за цртање

畫板

цртеж

圖畫

кист

畫筆

кутија са бојама

顏料盒

маказе

剪刀

лепило

膠水

бележница

練習冊

домаћи задатак

家庭作業

број

數字

сабирати

加

одузимати

減

множити

乘

рачунати

計算

слово

字母

абецеда

字母表

реч

字

текст
課文

читати
讀

креда
粉筆

час
上課

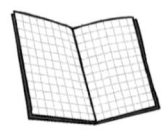

дневник
登記

испит
考試

сведочанство
證書

школска униформа
校服

образование
教育

лексикон
百科全書

универзитет
大學

микроскоп
顯微鏡

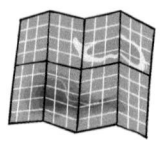

карта
地圖

кошара за папир
廢紙簍

путовање

旅行

Grand
хотел
飯店
преноћиште
青年旅社
ROOMS
CHANGE
мењачница
外幣兌換處
кофер
手提箱
ауто
汽車

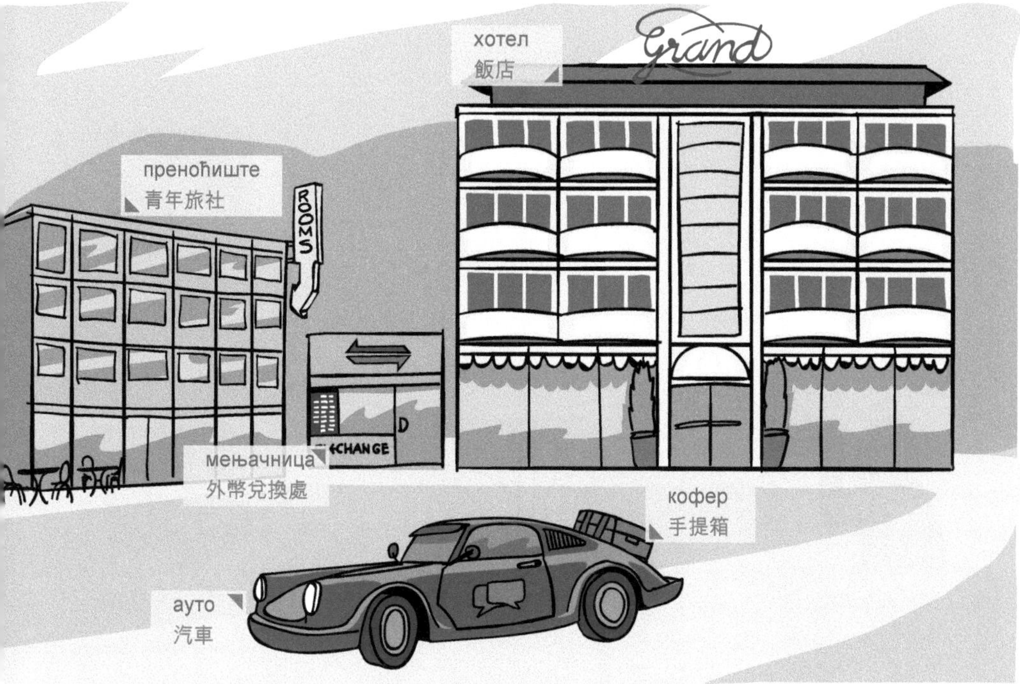

језик

語言

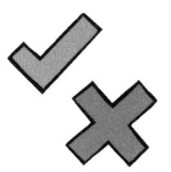

да / не

是/否

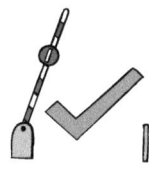

океј

好的

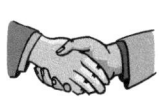

здраво

您好

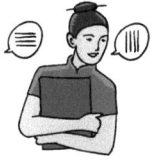

преводилац

翻譯人員

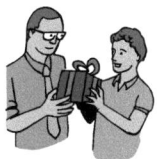

хвала

謝謝

Колико кошта...?

……多少錢？

не разумем

我不明白

проблем

問題

добро вече!

晚上好！

Добро јутро!

早上好！

Лаку ноћ!

晚安！

довиђења

再見

смер

方向

пртљага

行李

торба

包

руксак

背包

гост

客人

соба

房間

врећа за спавање

睡袋

шатор

帳篷

туристичке информације

旅行資訊

плажа

海灘

кредитна картица

信用卡

доручак

早餐

ручак

午餐

вечера

晚餐

карта за вожњу

票

лифт

電梯

поштанска маркица

郵票

граница

邊界

царина

海關

амбасада

大使館

виза

簽證

пасош

護照

транспорт
交通運送

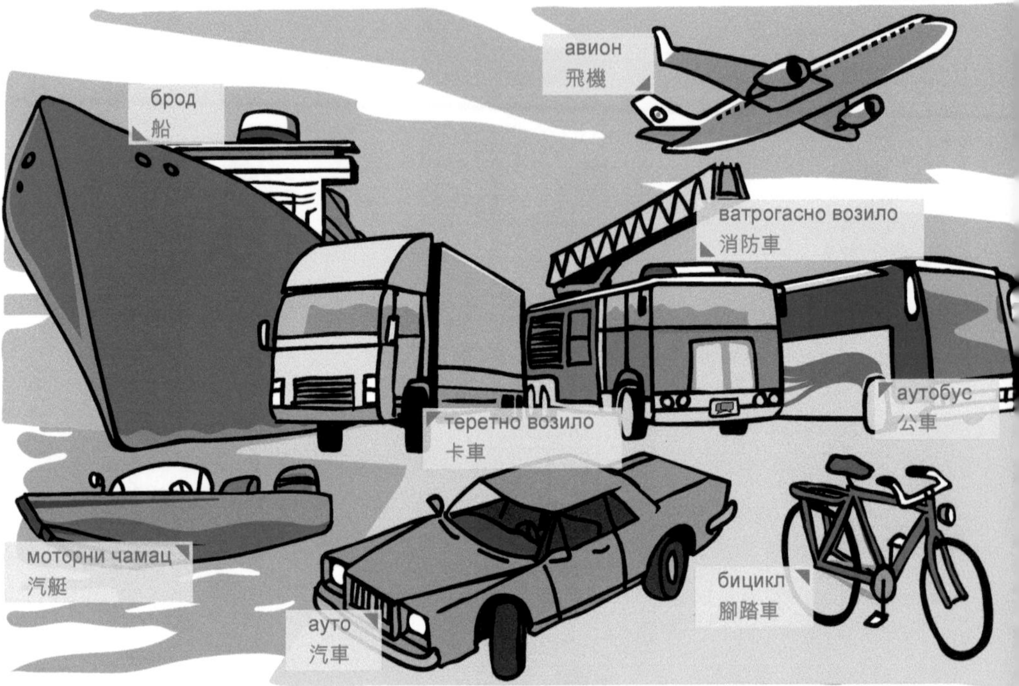

авион
飛機
брод
船
ватрогасно возило
消防車
аутобус
公車
теретно возило
卡車
моторни чамац
汽艇
бицикл
腳踏車
ауто
汽車

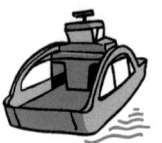

трајект
渡輪

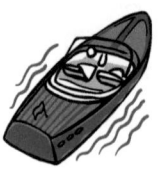

чамац
小船

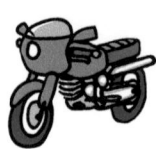

мотоцикл
機車

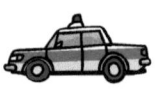

полицијски ауто
警車

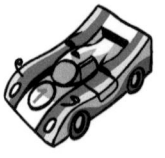

тркаћи ауто
賽車

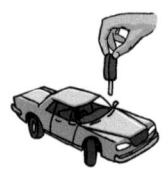

изнајмљено ауто
租車

делење аутомобила

拼車

вучно возило

拖車

возило за одвоз смећа

垃圾車

мотор

馬達

бензин

汽油

бензинска станица

加油站

саобраћајни знак

交通標識

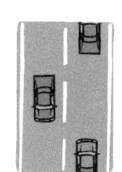

саобраћај

交通

застој

交通堵塞

паркиралиште

停車場

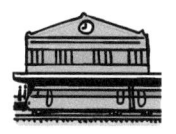

железничка станица

火車站

шине

軌道

воз

火車

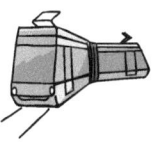

трамвај

路面電車

вагон

客車廂

хеликоптер

直升機

аеродром

機場

кула

塔

путник

乘客

контејнер

集裝箱

картон

紙板箱

колица

手推車

корпа

籃子

узлетети / слетети

起飛/降落

град

城市

село

村莊

центар града

市中心

кућа

房子

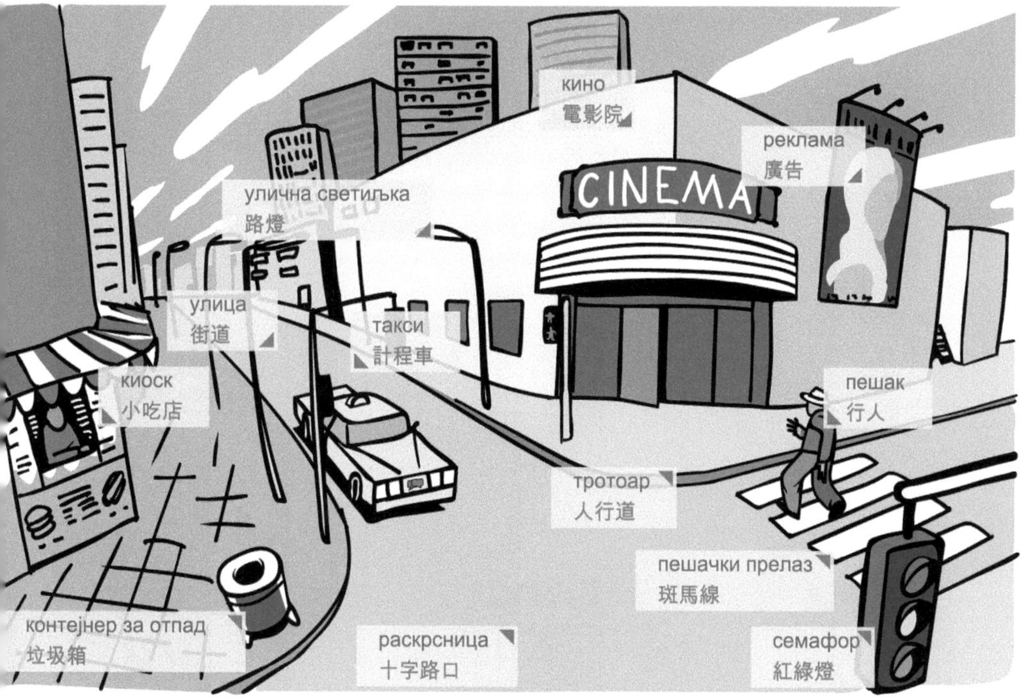

CINEMA
кино
電影院
реклама
廣告
улична светиљка
路燈
улица
街道
такси
計程車
киоск
小吃店
пешак
行人
тротоар
人行道
пешачки прелаз
斑馬線
контејнер за отпад
垃圾箱
раскрсница
十字路口
семафор
紅綠燈

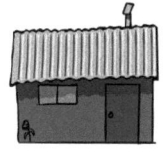

колиба

小屋

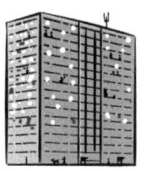

стан

公寓

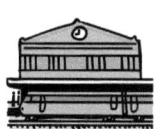

железничка станица

火車站

већница

市政廳

MUSEUM

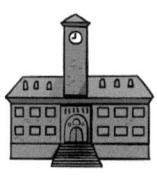

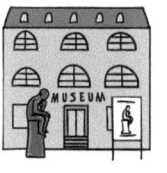

музеј

博物館

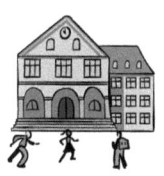

школа

學校

универзитет

大學

банка

銀行

болница

醫院

хотел

飯店

апотека

藥房

канцеларија

辦公室

књижара

書店

продавница

商店

цвећара

花店

супермаркет

超市

трг

市場

робна кућа

百貨商店

рибарница

魚店

трговачки центар

購物中心

лука

海港

парк

公園

клупа

長凳

мост

橋

степенице

樓梯

подземна железница

捷運

тунел

隧道

аутобуска станица

公車站

бар

酒吧

ресторан

餐館

поштанско сандуче

郵筒

улични знак

路標

паркирни аутомат

停車計時器

зоолошки врт

動物園

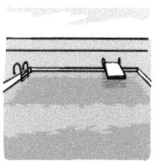

базен

游泳池

џамија

清真寺

сеоско газдинство

農場

загађење околине

污染

гробље

墓地

црква

教堂

игралиште

操場

храм

寺廟

пејсаж
地形

лист
樹葉

путоказ
指示牌

пут
路

ливада
草地

камен
石頭

дрво
樹

шетач
徒步旅行
者

река
河

трава
草

цвет
花

долина
峽谷

планина
丘陵

језеро
湖

шума
森林

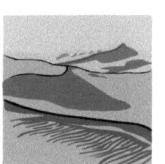

пустиња
沙漠

вулкан
火山

дворац
城堡

дуга
彩虹

гљива
蘑菇

палма
棕櫚樹

москито
蚊子

мува
蒼蠅

мрав
螞蟻

пчела
蜜蜂

паук
蜘蛛

буба

甲蟲

жаба

青蛙

веверица

松鼠

јеж

刺蝟

зец

野兔

сова

貓頭鷹

птица

鳥

лабуд

天鵝

дивља свиња

野豬

јелен

鹿

лос

麋鹿

насип

水壩

ветрењача

風力發電機

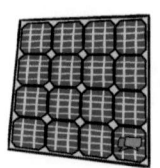

соларна плоча

太陽能電池板

клима

氣候

ресторан
餐館

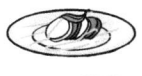

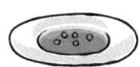

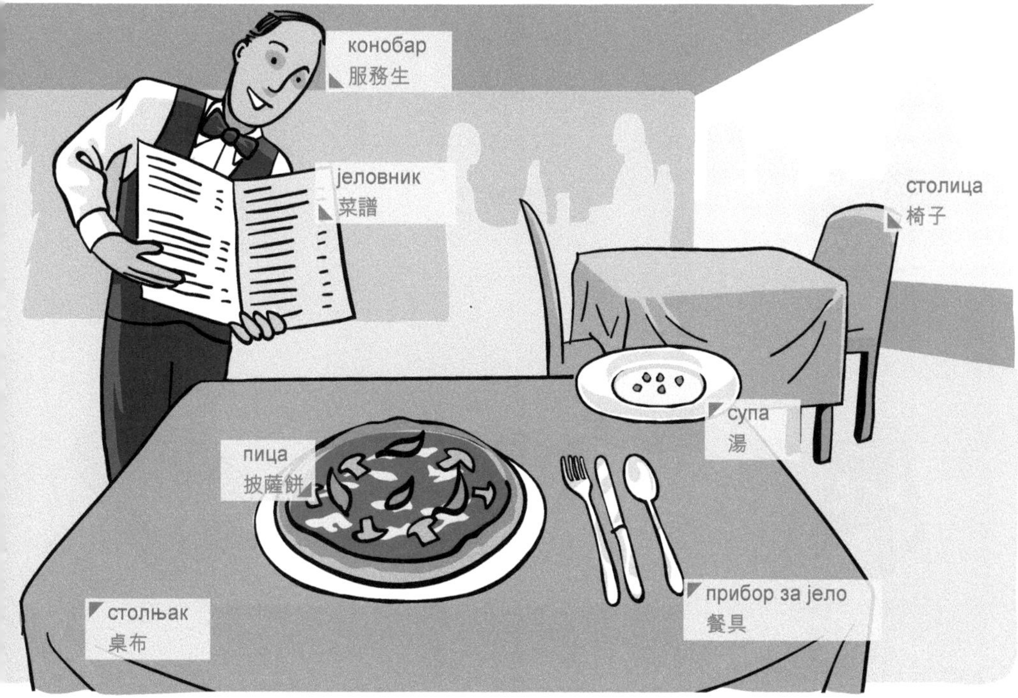

конобар
服務生
јеловник
菜譜
столица
椅子
супа
湯
пица
披薩餅
прибор за јело
餐具
столњак
桌布

предјело
前菜

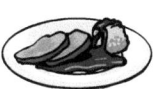

главно јело
主菜

десерт
甜點

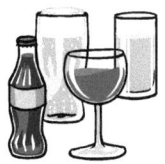

напитци
飲料

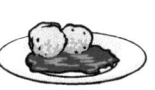

јело
食物

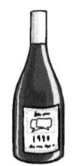

флаша
瓶子

брза храна

速食

имбис храна

街邊小吃

чајник

茶壺

доза за шећер

糖盒

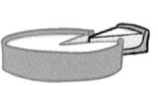

порција

一份飯菜

апарат за еспресо

義式咖啡機

висока столица

高腳椅

рачун

帳單

послужавник

托盤

нож

刀

виљушка

餐叉

кашика

勺子

чајна кашика

茶匙

салвета

餐巾

чаша

玻璃杯

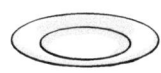

тањир

碟子

тањир за супу

湯盤

тањирић

碟子

сос

醬

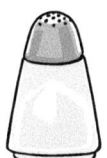

сољенка

鹽瓶

млин за бибер

胡椒研磨罐

сирће

醋

уље

食用油

зачини

調味料

кечап

番茄醬

сенф

芥末

мајонеза

美乃滋

супермаркет

超市

понуда
特價
FOR
купац
顧客
млечни производи
乳製品
воће
水果
колица за куповину
購物車

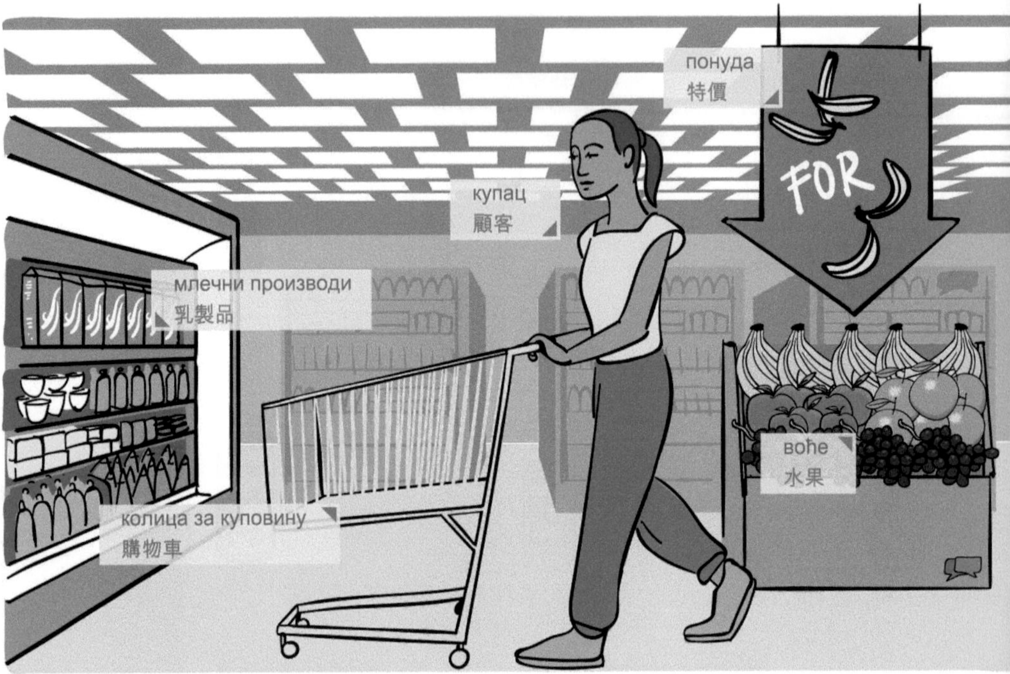

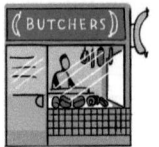

BUTCHERS

месница

肉鋪

BAKERY

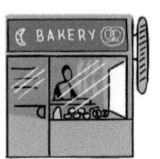

пекара

麵包店

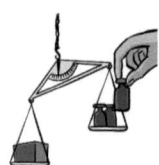

вагати

稱重

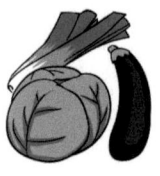

поврће

蔬菜

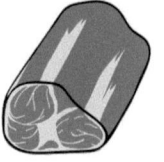

месо

肉

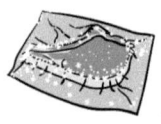

смрзнута храна

冷凍食品

нарезак

冷盤

конзерве

罐頭食品

средство за прање

洗衣粉

слаткиши

甜食

артикли за домаћинство

日用品

средства за чишћење

清潔用品

продавачица

銷售員

благајна

收銀機

благајник

收銀員

листа за куповину

購物清單

време рада

開放時間

новчаник

錢包

кредитна картица

信用卡

торба

袋子

пластична кеса

塑膠袋

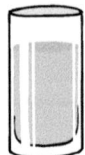

вода

水

сок

果汁

млеко

牛奶

кола

可樂

вино

紅酒

пиво

啤酒

алкохол

酒

какао

可可

чај

茶

кава

咖啡

еспресо

義式濃縮咖啡

капућино

卡布奇諾

банана

香蕉

jабука

蘋果

наранџа

柳丁

лубеница

西瓜

лимун

檸檬

шаргарепа

胡蘿蔔

бели лук

大蒜

бамбус

竹子

лук

洋蔥

гљива

蘑菇

орашасти плодови

堅果

резанци

麵條

шпагете

義大利麵

рижа

米飯

салата

沙拉

помфрит

薯條

печени крумпир

炸馬鈴薯

пица

披薩餅

хамбургер

漢堡

сендвич

三明治

шницла

炸豬排

шунка

火腿

салама

義大利臘腸

кобасица

香腸

кокош

雞肉

печење

烤肉

риба

魚

зобене пахуљице

燕麥片

мусли

木斯里

кукурузне пахуљице

玉米片

брашно

麵粉

кроасан

牛角麵包

пециво

麵包捲

хлеб

麵包

тоаст

吐司

кекси

餅乾

маслац

奶油

свежи сир

凝乳

колач

蛋糕

jaje

蛋

jaje на око

煎蛋

сир

起司

сладолед

冰淇淋

шећер

糖

мед

蜂蜜

мармелада

果醬

нугат крема

巧克力醬

кари

咖哩

сеоско газдинство

農場

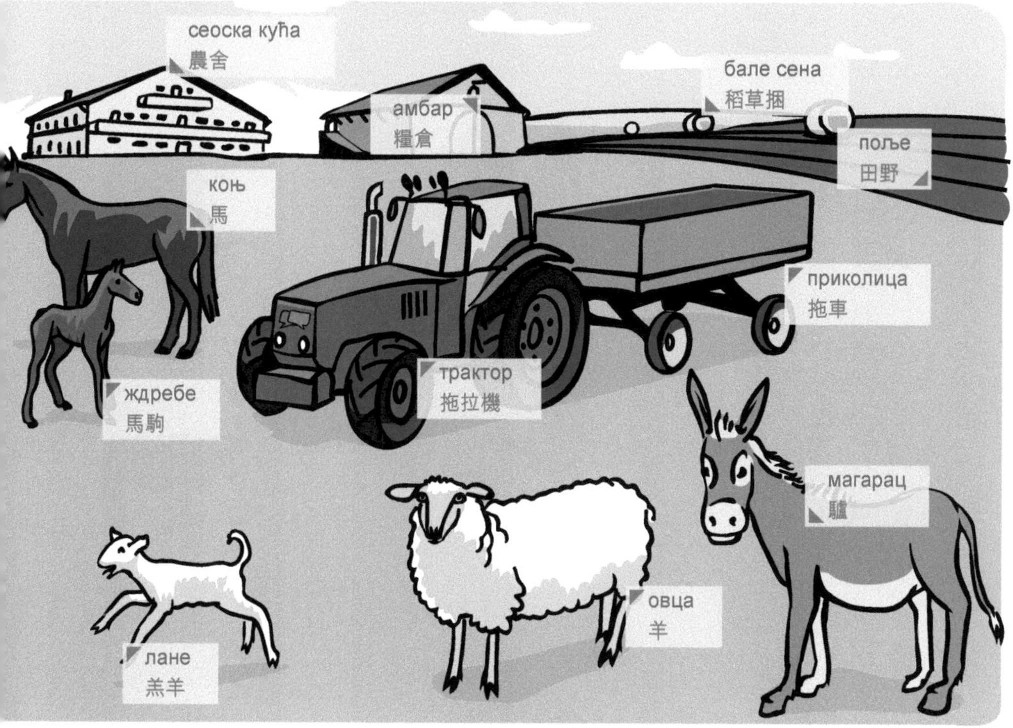

сеоска кућа
農舍
амбар
糧倉
бале сена
稻草捆
поље
田野
коњ
馬
приколица
拖車
трактор
拖拉機
ждребе
馬駒
магарац
驢
овца
羊
лане
羔羊

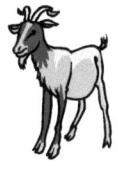

коза

山羊

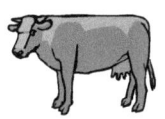

крава

奶牛

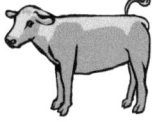

теле

小牛

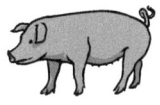

свиња

豬

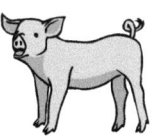

прасе

小豬

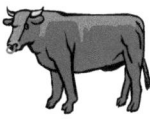

бик

公牛

гуска

鵝

патка

鴨

пилићи

小雞

кокош

母雞

петао

公雞

пацов

鼠

мачка

貓

миш

老鼠

вол

牛

пас

狗

кућица за пса

狗屋

вртно црево

花園澆水軟管

канта за поливање

澆水壺

коса

長柄大鐮刀

плуг

犁

срп

鐮刀

мотика

鋤頭

виљушка за ђубриво

長柄草耙

секира

斧頭

тачке

獨輪手推車

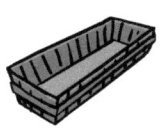

корито

飼料槽

посуда за млеко

牛奶罐

вреħа

麻布袋

ограда

柵欄

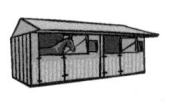

штала

馬廄

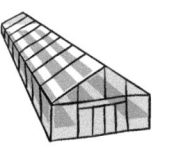

стакленик

溫室

земља

土壤

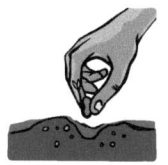

семе

種子

ђубриво

肥料

комбајн

聯合收割機

жети

收割

жетва

收割

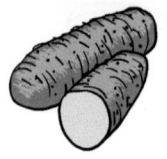

jамс зачин

地瓜

пшеница

小麥

соja

大豆

крумпир

土豆

кукуруз

玉米

уљана репица

油菜籽

воћка

果樹

гомољ маниоке

樹薯

житарице

穀物

кућа
房子

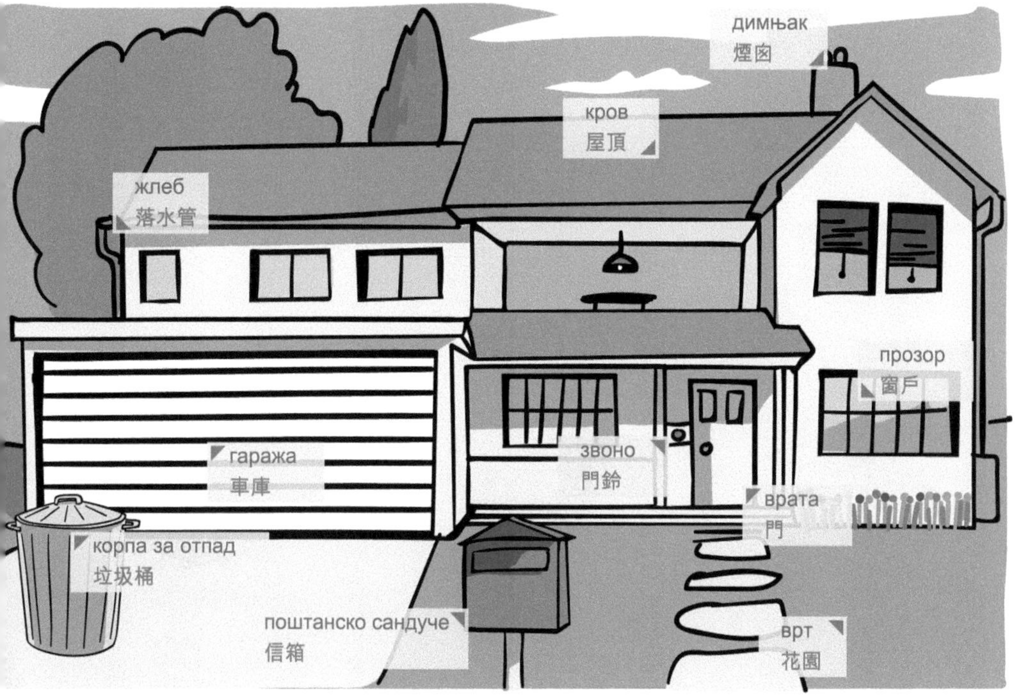

димњак
煙囱
кров
屋頂
жлеб
落水管
прозор
窗戶
гаража
車庫
звоно
門鈴
врата
門
корпа за отпад
垃圾桶
поштанско сандуче
信箱
врт
花園

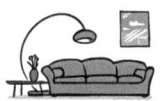

дневна соба

客廳

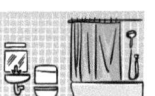

купаоница

浴室

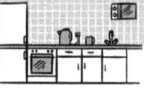

кухиња

廚房

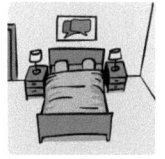

спаваћа соба

臥室

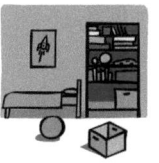

дечија соба

兒童房

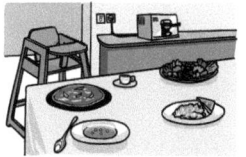

трпезарија

餐廳

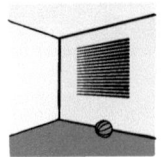

под

地板

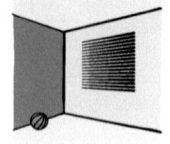

зид

牆壁

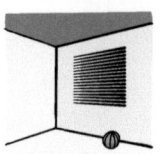

строп

天花板

подрум

地窖

сауна

三溫暖

балкон

陽臺

тераса

露臺

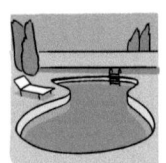

базен

游泳池

косилица за траву

割草機

постељина за кревет

被單

дека за кревет

床罩

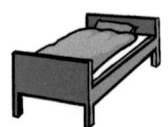

кревет

床

метла

掃帚

канта

水桶

прекидач

開關

дневна соба

客廳

тапета
壁紙
слика
相片
светиљка
檯燈
регал
擱架
ормар
櫥櫃
телевизија
電視
камин
壁爐
цвет
花
јастук
墊子
кауч
沙發
ваза
花瓶
даљински управљач
遙控器

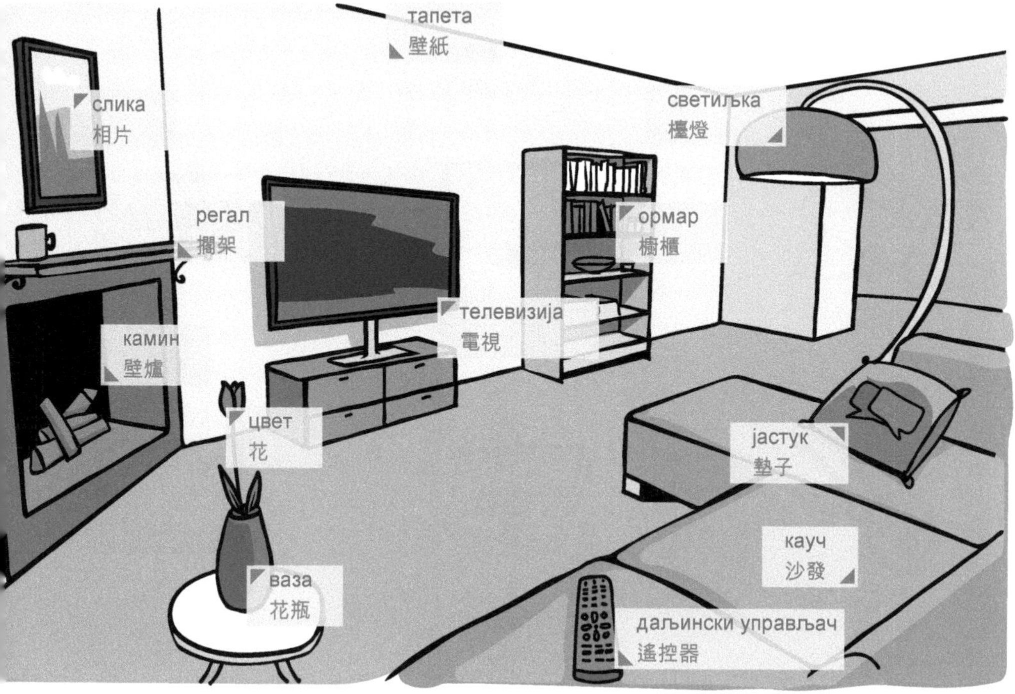

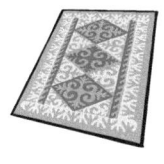

тепих
地毯

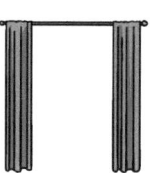

завеса
窗簾

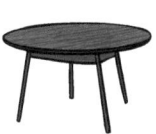

сто
餐桌

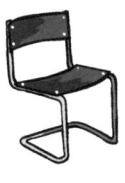

столица
椅子

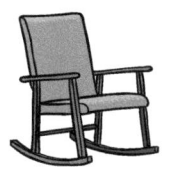

столица за њихање
搖椅

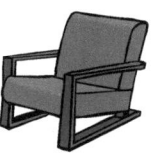

фотеља
扶手椅

књига

書

дека

毯子

декорација

裝飾品

дрво за огрев

木柴

филм

電影

хи-фи уређај

高傳真音響

кључ

鑰匙

новине

報紙

слика на платну

油畫

постер

海報

радио

收音機

блок за писање

筆記本

усисивач

吸塵器

кактус

仙人掌

свећа

蠟燭

кухиња
廚房

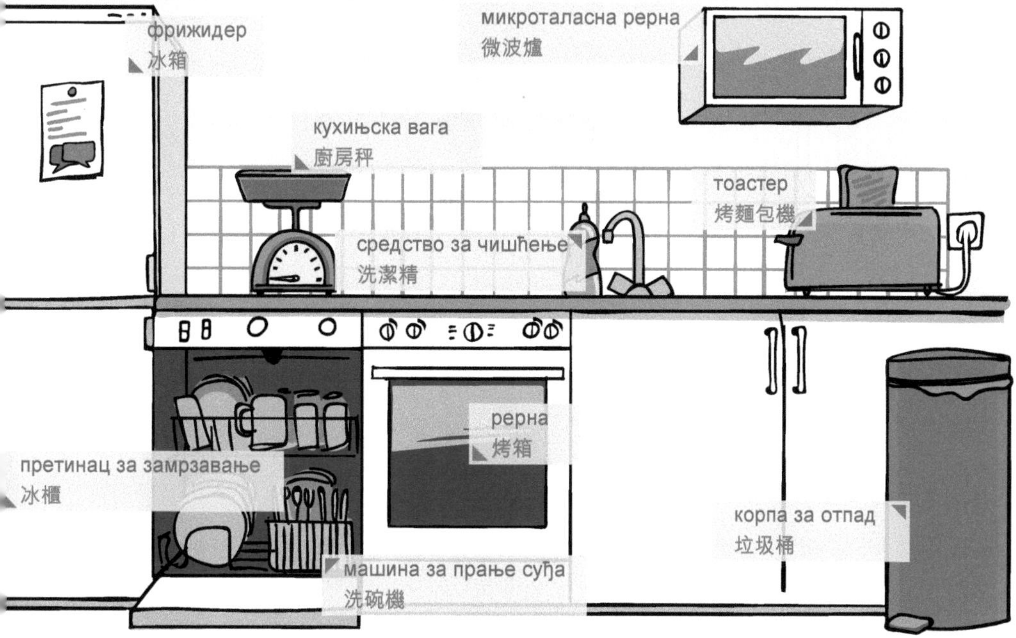
фрижидер
冰箱
микроталасна рерна
微波爐
кухињска вага
廚房秤
тоастер
烤麵包機
средство за чишћење
洗潔精
рерна
烤箱
претинац за замрзавање
冰櫃
корпа за отпад
垃圾桶
машина за прање суђа
洗碗機

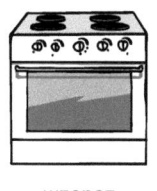

шпорет

炊具

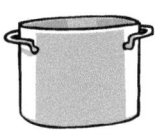

лонац

鍋

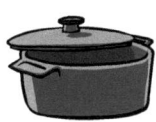

гвоздени лонац

鑄鐵鍋

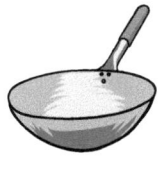

вок / кадаи

炒鍋

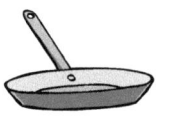

тава

平底鍋

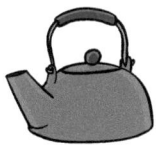

кувало за воду

水壺

кувало на пару

蒸鍋

лим за печење

烤盤

посуђе

陶瓷鍋

чаша

馬克杯

посуда

碗

штапићи за јело

筷子

кутлача

長柄勺

лопатица

鏟子

пењача

攪拌器

сито за кување

濾網

сито

篩子

рибеж

磨碎機

мужар

研缽

роштиљ

燒烤

огњиште

明火

даска
菜板

оклагија
擀麵杖

вадичеп
開瓶器

конзерва
罐子

отварач конзерви
開罐器

крпа за лонац
隔熱手套

судопер
水槽

четка
刷子

сунђер
海綿

миксер
攪拌機

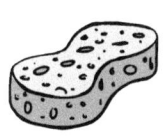

замрзивач
冷藏箱

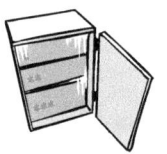

флашица за бебе
奶瓶

славина за воду
水龍頭

купаоница

浴室

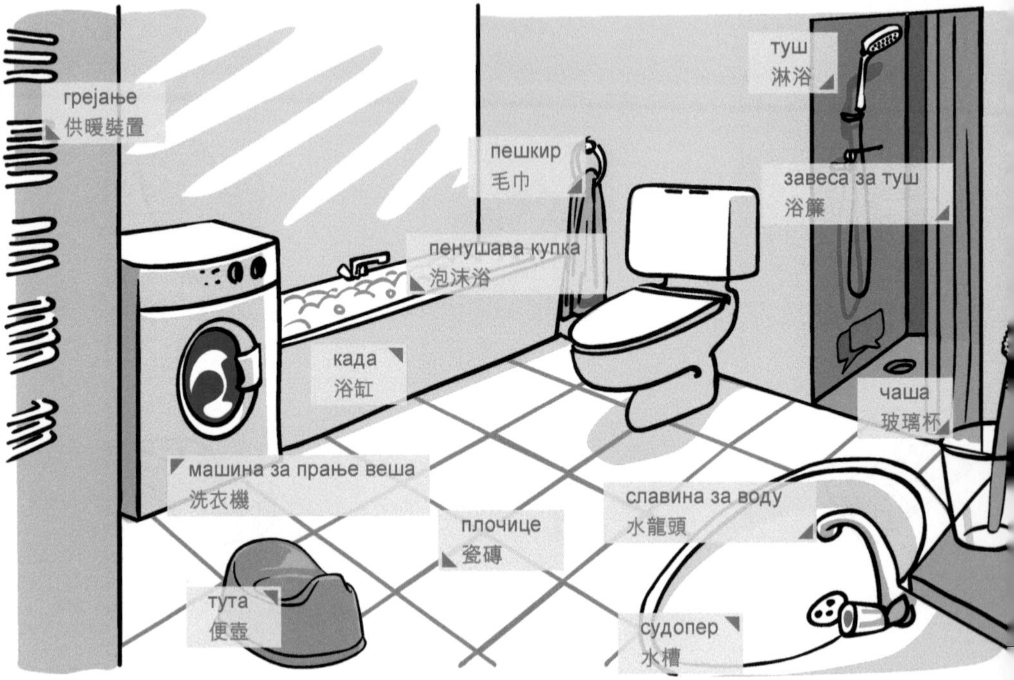

туш
淋浴
грејање
供暖裝置
пешкир
毛巾
завеса за туш
浴簾
пенушава купка
泡沫浴
када
浴缸
чаша
玻璃杯
машина за прање веша
洗衣機
славина за воду
水龍頭
плочице
瓷磚
тута
便壺
судопер
水槽

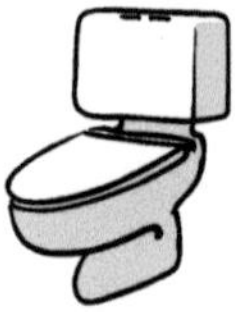

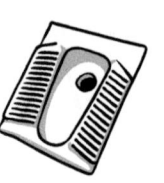

тоалет
廁所

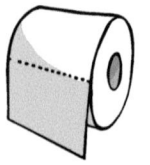

чучавац
蹲便器

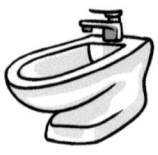

бидет
坐浴器

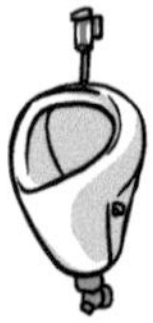

писоар
小便斗

тоалетни папир
廁紙

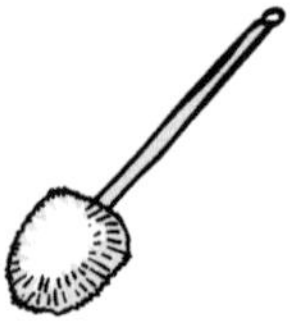

четка за тоалет
馬桶刷

четкица за зубе

牙刷

паста за зубе

牙膏

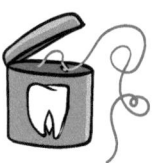

конац за зубе

牙線

прати

洗

туш ручица

手持式蓮蓬頭

туш за прање интимних делова

沖洗器

лавор

洗臉盆

четка за прање леђа

洗背刷

сапун

肥皂

гел за туширање

沐浴露

шампон

洗髮乳

крпа за прање

法蘭絨

одвод

排水

крема

乳霜

дезодоранс

除臭劑

огледало
鏡子

козметичко огледало
手鏡

бријач
刮鬍刀

пена за бријање
刮鬍泡沫

лосион за после бријања
鬚後水

чешаљ
梳子

четка
刷子

фен за косу
吹風機

спреј за косу
噴髮定型劑

шминка
化妝品

руж за усне
唇膏

лак за нокте
指甲油

вата
化妝棉

маказе за нокте
指甲剪

парфем
香水

козметичка торбица

洗漱包

столица

凳子

вага

計重秤

огртач

浴袍

рукавице за чишћење

橡膠手套

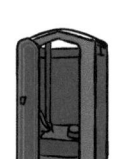

тампон

衛生棉條

уложак

衛生棉

хемијски тоалет

化學廁所

дечија соба

兒童房

будилник
鬧鐘
плишана играчка
毛絨玩具
ауто играчка
玩具車
звечка
撥浪鼓
кућица за лутке
玩具屋
поклон
禮物

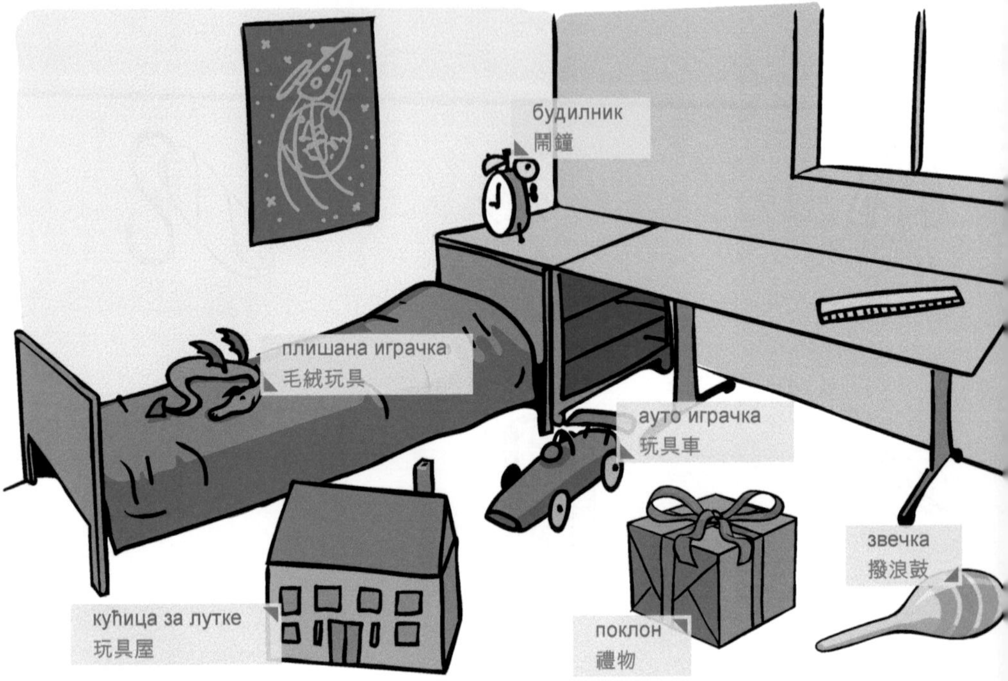

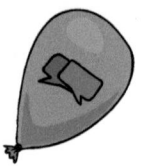

балон
氣球

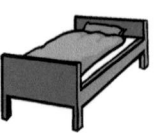

кревет
床

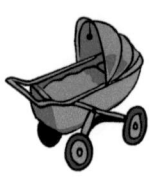

дјечија колица
嬰兒車

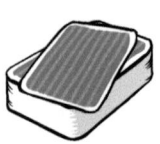

игра са картама
撲克牌

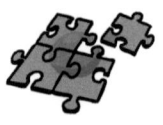

слагалица
拼圖

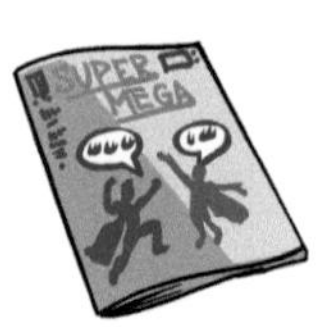

стрип
漫畫

лего коцкице

樂高積木

коцкице за слагање

積木玩具

акциони јунак

公仔

бенкица за бебе

嬰兒服

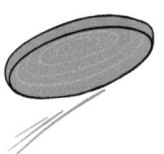

фризби

飛盤

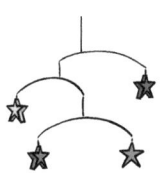

висеће играчке

床鈴玩具

друштвене игре

棋盤遊戲

коцка

骰子

минијатурна жељезница

火車模型

дуда

安撫奶嘴

забава

派對

сликовница

繪本

лопта

球

лутка

洋娃娃

играти

玩

пешчаник

沙坑

љуљачка

鞦韆

играчка

玩具

конзола за игре

電玩遊戲

трицикл

三輪車

теди

泰迪熊

ормар

衣櫃

одећа

衣服

кратке чарапе

襪子

чарапе

長襪

хулахопке

緊身褲

шал
圍巾

кишобран
雨傘

мајица
T恤

каиш
皮帶

чизме
靴子

папуче
拖鞋

патике
運動鞋

сандале
涼鞋

ципеле
鞋

гумене чизме
雨靴

гаћице
內褲

грудњак
胸罩

поткошуља
背心

боди

身體

панталоне

褲子

фармерке

牛仔褲

сукња

短裙

блуза

女式襯衫

кошуља

襯衫

џемпер

套頭衫

џемпер с капуљачом

連帽上衣

сако

西裝夾克

јакна

夾克

мантил

外套

кабаница

雨衣

костим

套裝

хаљина

連衣裙

венчаница

婚紗

одело

西裝

спаваћица

睡袍

пиџама

睡衣

сари

莎麗

марама за главу

頭巾

турбан

包頭巾

бурка

波卡

кафтан

卡夫坦

абаја

(阿拉伯式)長袍

купаћи костим

泳衣

купаће гаћице

男式泳褲

кратке панталоне

短褲

одећа за тренинг

運動服

кецеља

圍裙

рукавице

手套

дугме

鈕扣

наочаре

眼鏡

наруквица

手鏈

огрлица

項鍊

прстен

戒指

наушница

耳環

капа

便帽

вешалица

衣架

шешир

帽子

кравата

領帶

патент затварач

拉鍊

кацига

安全帽

нараменице

背帶

школска униформа

校服

униформа

制服

подбрадак

圍兜

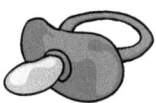

дуда

安撫奶嘴

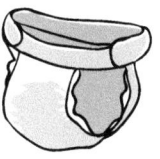

пелена

尿布

канцеларија
辦公室

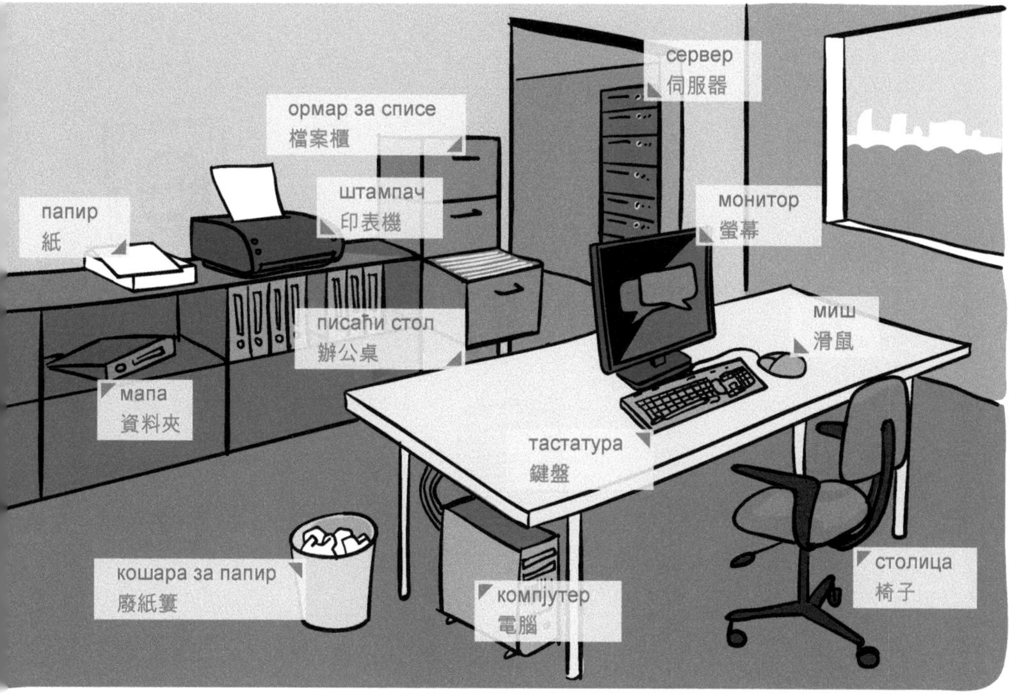

сервер
伺服器

ормар за списе
檔案櫃

штампач
印表機

монитор
螢幕

папир
紙

писаћи стол
辦公桌

миш
滑鼠

мапа
資料夾

тастатура
鍵盤

кошара за папир
廢紙簍

столица
椅子

компјутер
電腦

шалица за каву

咖啡杯

калкулатор

計算機

интернет

網際網路

лаптоп

筆記型電腦

писмо

信件

порука

簡訊

мобилни телефон

行動電話

мрежа

網路

уређај за копирање

影印機

софтвер

軟體

телефон

電話

утичница

插座

факс

傳真機

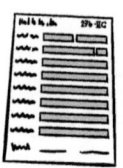

формулар

表格

документ

檔案

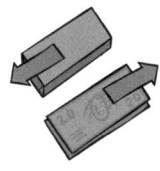

куповати

買

платити

付錢

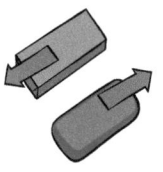

трговати

交易

новац

現金

долар

美元

евро

歐元

јен

日元

рубља

盧布

швајцарски франак

瑞士法郎

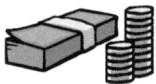

ренминдби јуан

人民幣

рупија

盧比

аутомат за новац

提款處

мењачница

外幣兌換處

злато

金

сребро

銀

нафта

石油

енергија

能源

цена

價格

уговор

合約

порез

稅金

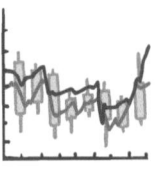

деонице

股票

радити

工作

службеник

職員

послодавац

老闆

фабрика

工廠

продавница

商店

занимања
職業

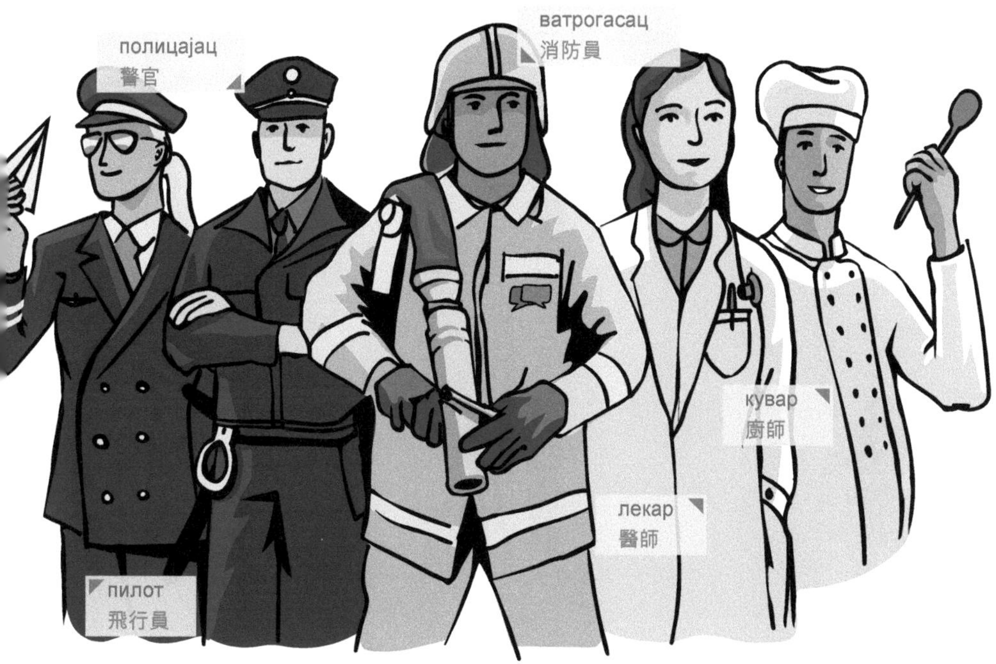
ватрогасац
消防員
полицајац
警官
кувар
廚師
лекар
醫師
пилот
飛行員

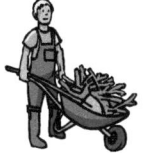

вртлар

園丁

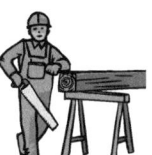

столар

木匠

кројачица

裁縫

судија

法官

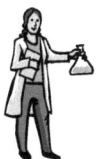

хемичар

化學家

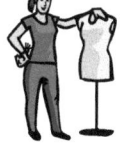

глумац

演員

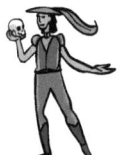

возач аутобуса

公車司機

возач таксија

計程車司機

рибар

漁夫

чистачица

清洗女工

кровопокривач

屋頂工

конобар

服務生

ловац

獵人

сликар

畫家

пекар

麵包師

електричар

電工

грађевински радник

建築工人

инжењер

工程師

месар

屠夫

лимар

水管工

поштар

郵差

војник

士兵

архитекта

建築師

благајник

收銀員

цвећар

花農

фризер

理髮師

кондуктер

售票員

механичар

機械技師

капетан

船長

зубар

牙醫

научник

科學家

раби

拉比

имам

伊瑪目

монах

和尚

свећеник

牧師

алати

工具

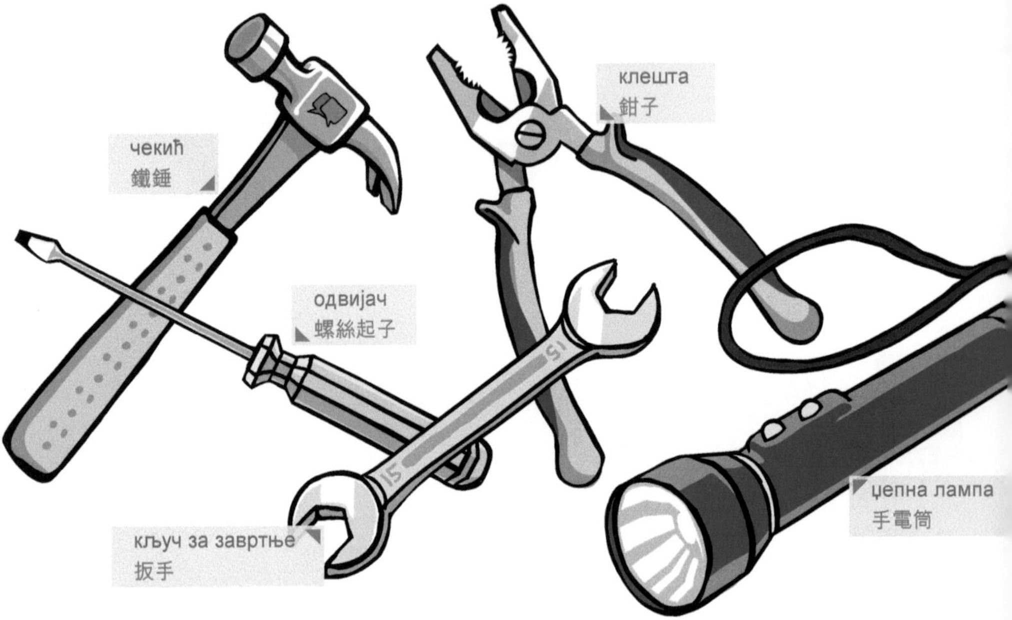

клешта
鉗子
чекић
鐵錘
одвијач
螺絲起子
ципна лампа
手電筒
кључ за завртње
扳手

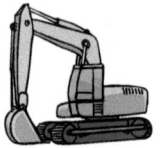

багер

挖掘機

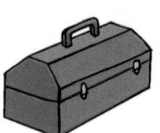

кутија за алат

工具箱

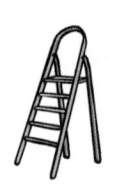

мердевине

梯子

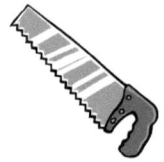

пила

鋸子

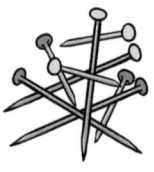

ексер

釘子

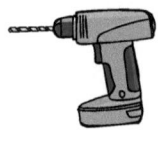

бушилица

鑽機

поправити
修

лопата
鏟子

до ђавола!
糟糕！

лопатица
畚箕

лонац за боју
油漆桶

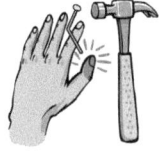

завртањи
螺絲

музички инструмент
樂器

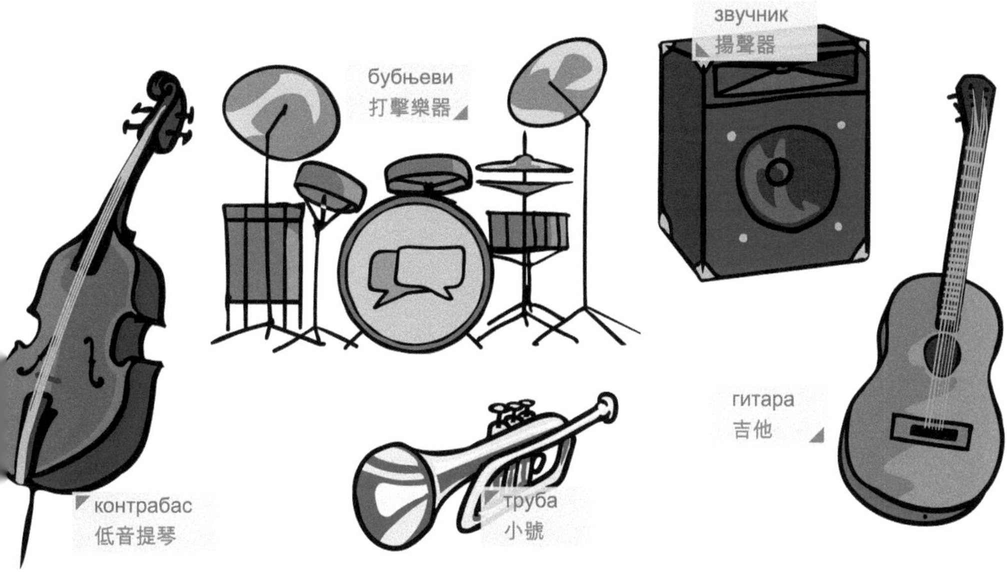

звучник
揚聲器

бубњеви
打擊樂器

гитара
吉他

контрабас
低音提琴

труба
小號

клавир

鋼琴

виолина

小提琴

бас

貝斯

тимпани

定音鼓

удараљке за бубњеве

鼓

типке клавира

電子琴

саксофон

薩克斯風

флаута

長笛

микрофон

麥克風

зоолошки врт

動物園

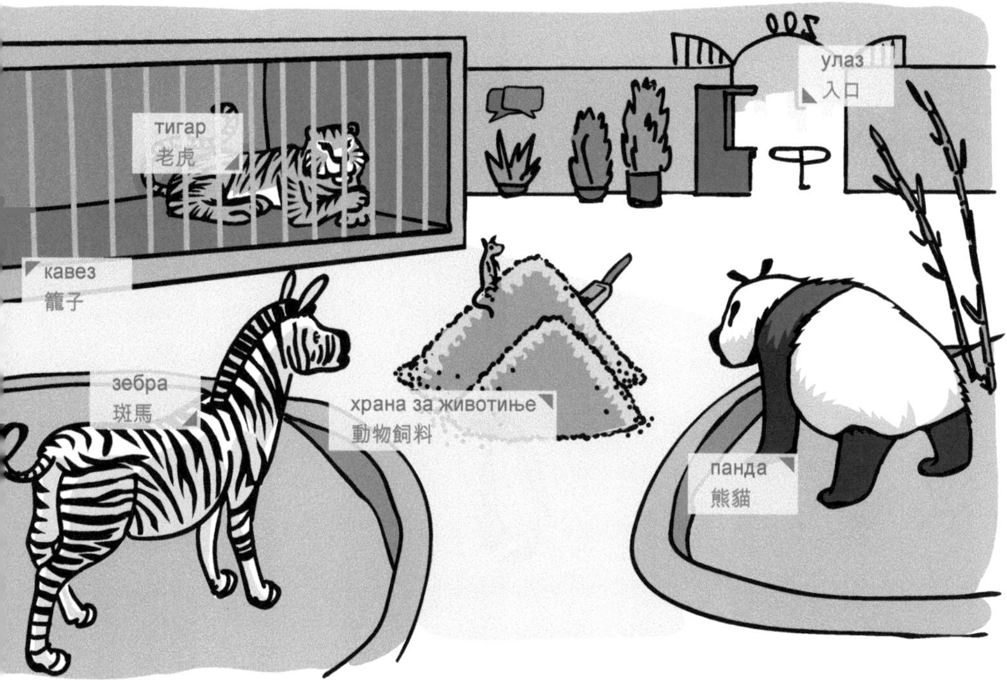
улаз
入口
тигар
老虎
кавез
籠子
зебра
斑馬
храна за животиње
動物飼料
панда
熊貓

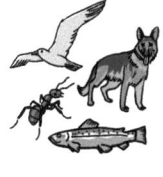

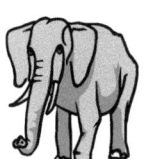

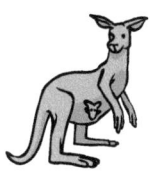

животиње

動物

слон

大象

кенгур

袋鼠

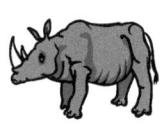

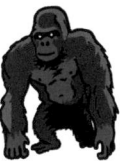

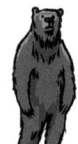

носорог

犀牛

горила

大猩猩

медвед

熊

камила

駱駝

ној

鴕鳥

лав

獅子

мајмун

猴子

фламинго

紅鶴

папагај

鸚鵡

поларни медвед

北極熊

пингвин

企鵝

ајкула

鯊魚

паун

孔雀

змија

蛇

крокодил

鱷魚

чувар у зоолошком врту

動物園管理員

туљан

海豹

јагуар

美洲豹

пони

矮種馬

леопард

豹

нилски коњ

河馬

жирафа

長頸鹿

орао

老鷹

дивља свиња

野豬

риба

魚

корњача

龜

морж

海象

лисица

狐狸

газела

羚羊

американски ногомет
橄欖球

бициклизам
騎腳踏車

тенис
網球

кошарка
籃球

пливање
游泳

бокс
拳擊

хокеј на леду
冰球

фудбал

美式足球

бадминтон

羽毛球

атлетика

田徑

ракомет

手球

скијање

滑雪

поло

馬球

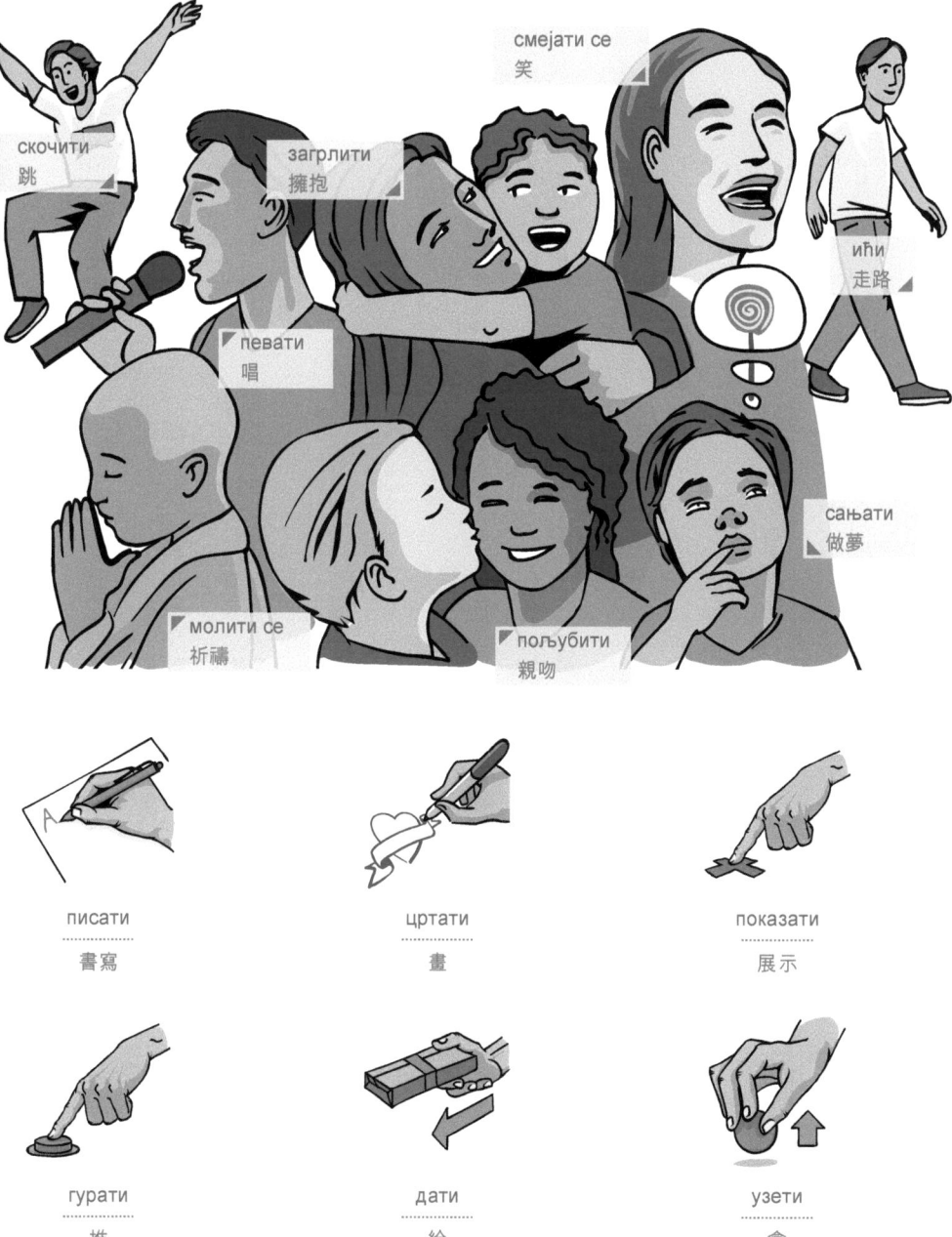

скочити
跳

смејати се
笑

загрлити
擁抱

певати
唱

ићи
走路

молити се
祈禱

пољубити
親吻

сањати
做夢

писати	цртати	показати
書寫	畫	展示
гурати	дати	узети
推	給	拿

имати

有

чинити

做

бити

當

стојати

站

трчати

跑

повлачити

拉

бацити

丟

падати

摔倒

лежати

躺

чекати

等待

носити

攜帶

седити

坐

облачити

穿衣

спавати

睡覺

пробудити се

醒來

гледати
看

плакати
哭

миловати
擊

чешљати
梳頭

говорити
交談

разумети
明白

питати
問

слушати
聽

пити
喝

јести
吃

поспремити
清理

волети
愛

кухати
做飯

возити
開車

летети
飛

пловити

航行

рачунати

計算

читати

讀

учити

學習

радити

工作

венчати се

結婚

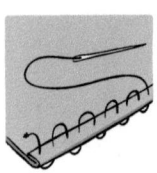

шити

縫

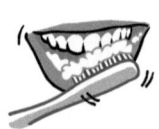

прати зубе

刷牙

убити

殺

пушити

抽菸

послати

寄

породица

家

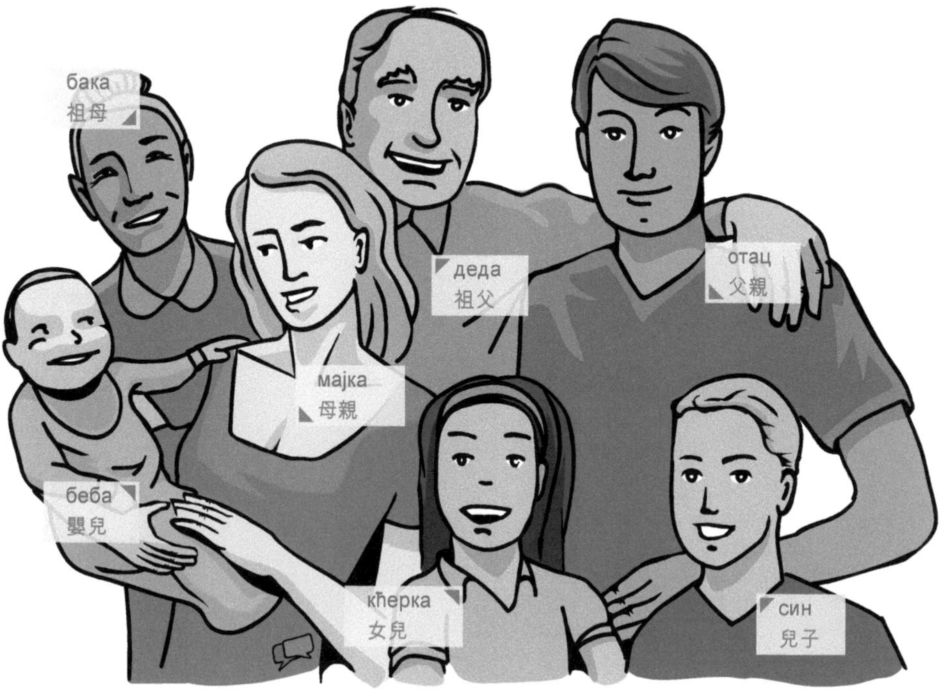

бака
祖母
деда
祖父
отац
父親
мајка
母親
беба
嬰兒
кћерка
女兒
син
兒子

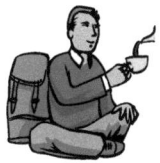

гост

客人

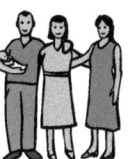

тетка

阿姨

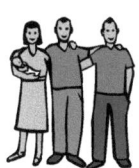

ујак, стриц

叔叔

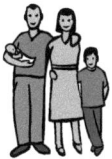

брат

兄弟

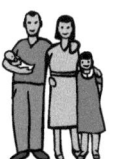

сестра

姐妹

тело

身體

чело
前額
око
眼睛
раме
肩膀
прст
手指
лице
臉
брада
下巴
рука
手
нога
腿
груди
乳房
рука
手臂

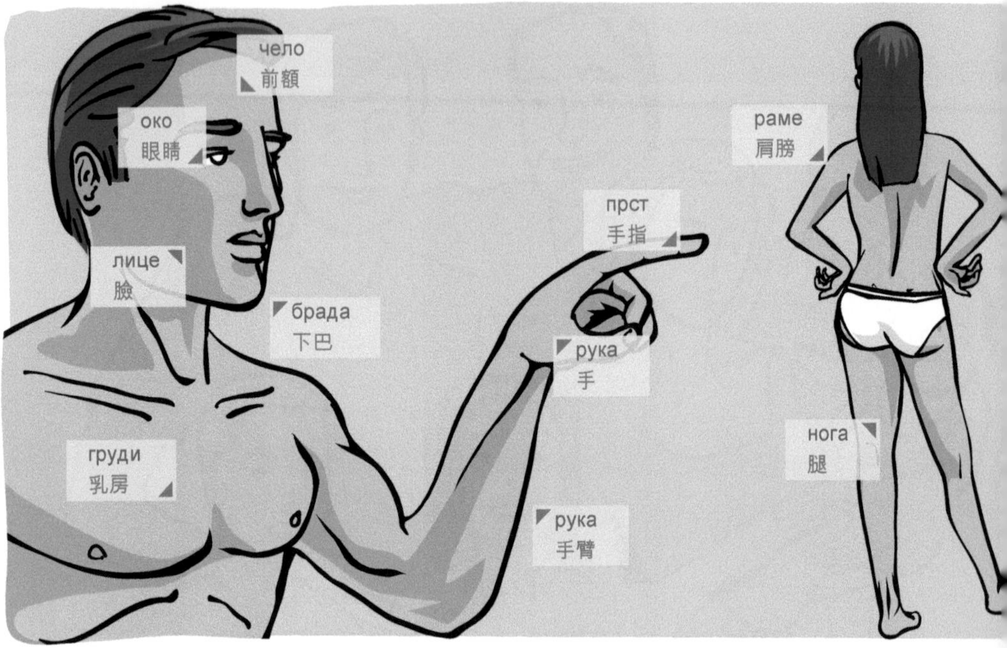

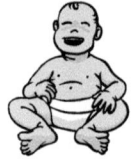

беба
嬰兒

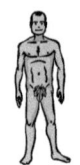

мушкарац
男人

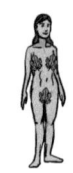

жена
女人

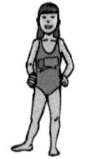

девојчица
女孩

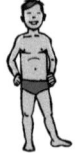

дечак
男孩

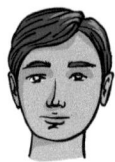

глава
頭

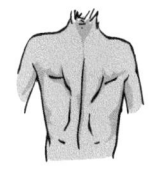

леђа
背部

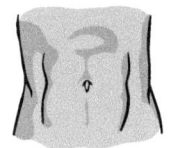

стомак
肚子

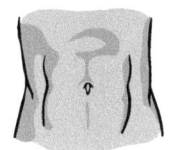

пупак
肚臍

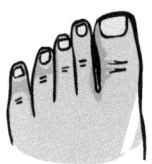

ножни прст
腳趾

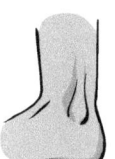

пета
腳後跟

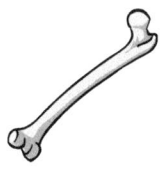

кост
骨頭

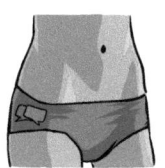

кукови
臀部

колено
膝蓋

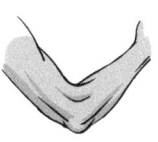

лакат
手肘

нос
鼻子

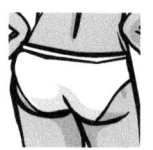

задњица
屁股

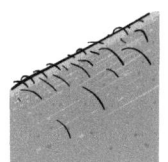

кожа
皮膚

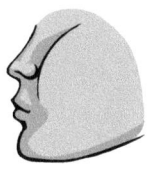

образ
臉頰

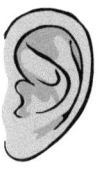

уво
耳朵

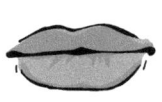

усна
嘴唇

тело - 身體

уста

嘴

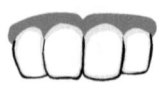

зуб

牙齒

језик

舌頭

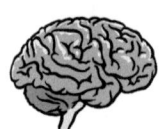

мозак

腦

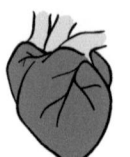

срце

心臟

мишић

肌肉

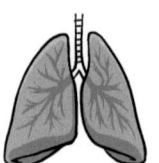

плућа

肺

јетра

肝臟

желудац

胃

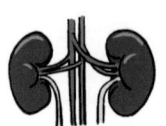

бубрези

腎臟

полни однос

性交

кондом

保險套

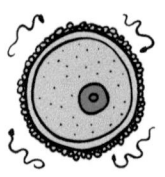

јајна ћелија

卵子

сперма

精子

трудноћа

懷孕

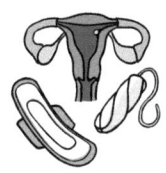

менструација

月事

вагина

陰道

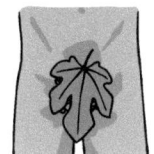

пенис

陰莖

обрва

眉毛

коса

頭髮

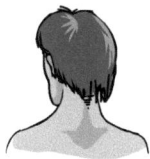

врат

脖子

болница

醫院

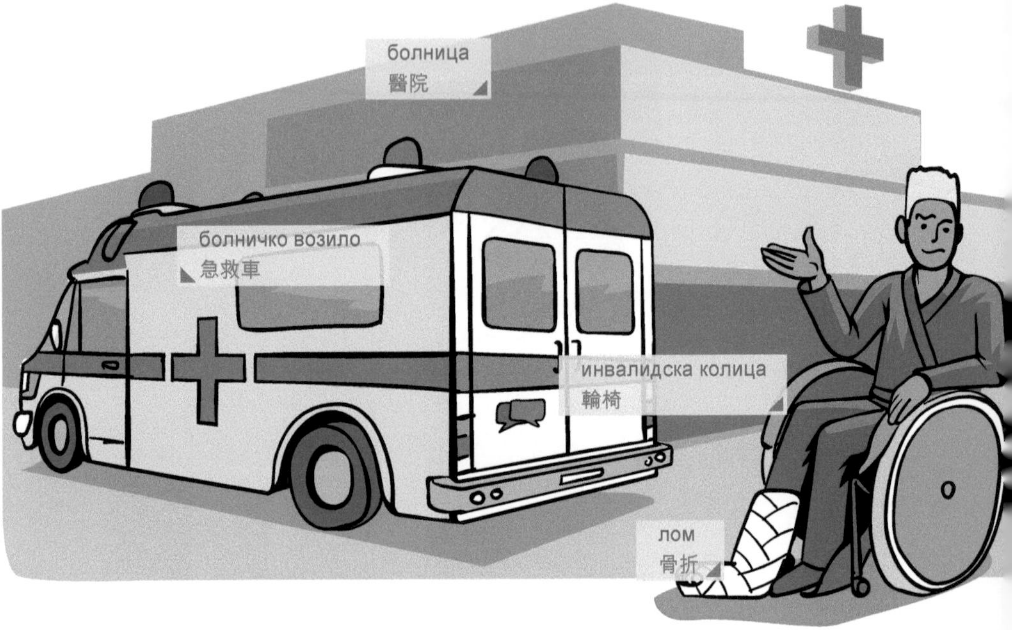

болница
醫院
болничко возило
急救車
инвалидска колица
輪椅
лом
骨折

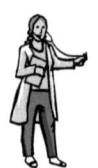

лекар

醫師

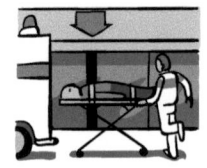

хитна медицинска служба

急診室

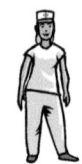

медицинска сестра

護理師

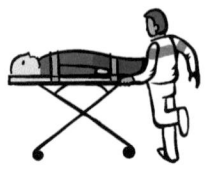

хитни случај

緊急情形

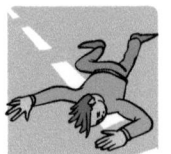

несвест

昏迷

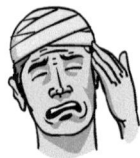

бол

痛

повреда

受傷

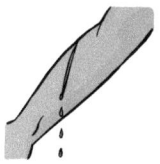

крварење

出血

срчани удар

心臟病發作

удар

中風

алергија

過敏

кашаљ

咳嗽

грозница

發燒

грипа

流感

пролив

腹瀉

главобоља

頭痛

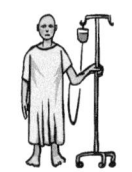

рак

癌症

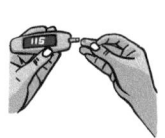

дијабетес

糖尿病

хирург

外科醫師

скалпел

手術刀

операција

手術

болница - 醫院

цт

電腦斷層掃描

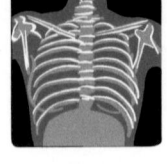

рентген

X光

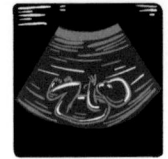

ултразвук

超音波

маска

口罩

болест

疾病

чекаона

候診室

штака

拐杖

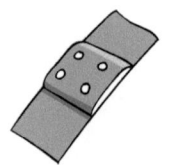

фластер

石膏

завој

繃帶

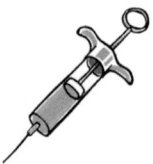

ињекција

注射

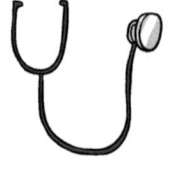

стетоскоп

聽診器

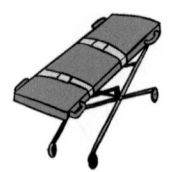

носила

擔架

термометар

體溫計

рођење

出生

прекомерна тежина

超重

слушни апарат

助聽器

средство за дезинфекцију

消毒液

инфекција

感染

вирус

病毒

хив / аидс

愛滋病

медицина

藥物

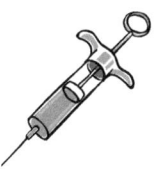

вакцинација

接種疫苗

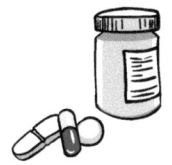

таблете

藥片

пилула

藥丸

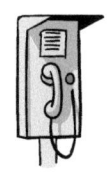

хитни позив

急救電話

уређај за мерење притиска

血壓計

болесно / здраво

生病/健康

помоћ!

救命！

насртај

突擊

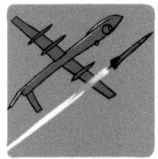

напад

攻擊

опасност

危險

излаз у случају нужде

緊急出口

пожар!

失火了！

противпожарни апарат

滅火器

незгода

意外

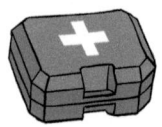

кутија прве помоћи

急救箱

сос

呼救訊號

полиција

員警

Европа

歐洲

Северна Америка

北美洲

Јужна Америка

南美洲

Африка

非洲

Азија

亞洲

Аустралија

澳洲

Атлантик

大西洋

Пацифик

太平洋

Индијски океан

印度洋

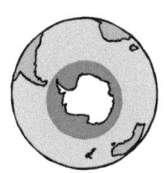

Антарктички океан

南冰洋

Арктички океан

北冰洋

Северни рол

北極

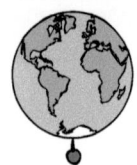

Јужни рол

南極

Антарктик

南極洲

земља

地球

земља

陸地

море

海

оток

島

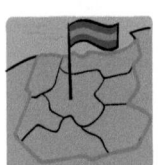

нација

國家

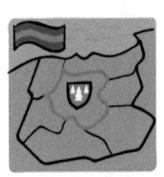

држава

州

бројчаник сата

錶盤

сатна казаљка

時針

минутна казаљка

分針

секундна казаљка

秒針

Колико је сати?

現在幾點？

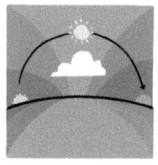

дан

天

време

時間

сада

現在

дигитални сат

電子錶

минута

分

час

時

понедељак
週一

MO

среда
週三

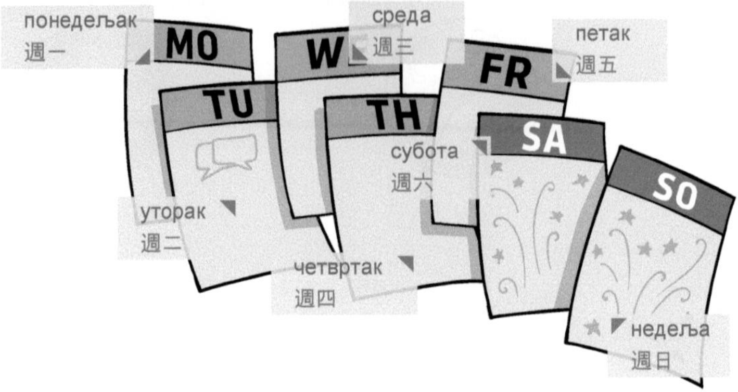

петак
週五

W

FR

TU

TH

SA

субота
週六

SO

уторак
週二

четвртак
週四

недеља
週日

TUE / **MON**
2 1

jуче

昨天

TUE
2

данас

今天

TUE
3

сутра

明天

jутро

早晨

подне

中午

вече

晚上

радни дани

工作日

викенд

週末

киша
雨

дуга
彩虹

ветар
風

снег
雪

пролеће
春

jесен
秋

лето
夏

зима
冬

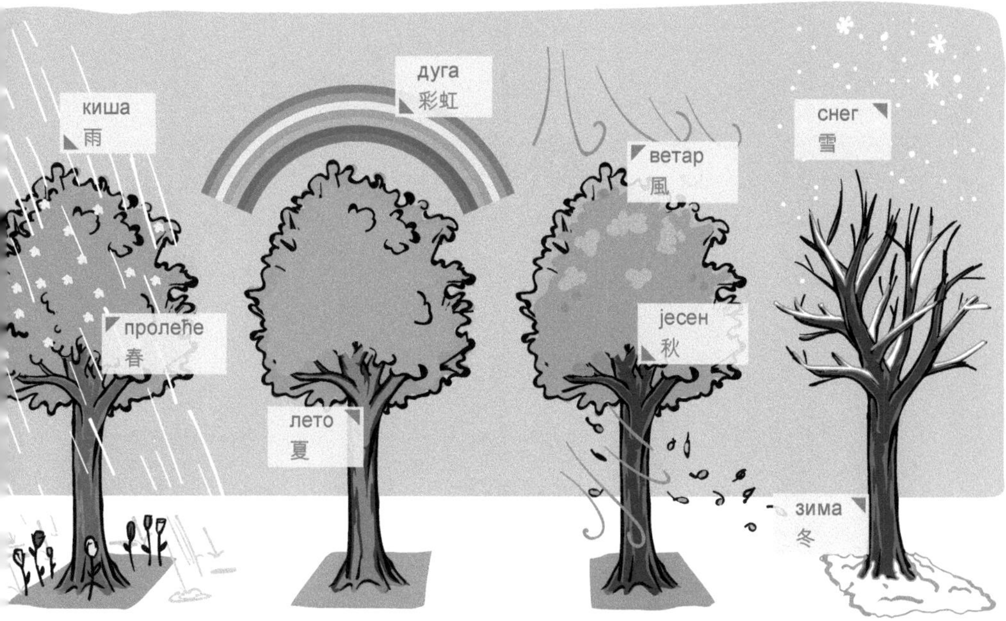

теоролошка прогноза

天氣預告

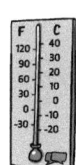

термометар

溫度計

сунчана светлост

陽光

облак

雲

магла

霧

влажност ваздуха

潮濕

муња
....
閃電

грмљавина
....
打雷

олуја
....
風暴

туча
....
冰雹

монсун
....
季風

поплава
....
洪水

лед
....
冰

јануар
....
一月

фебруар
....
二月

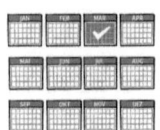

март
....
三月

април
....
四月

мај
....
五月

јуни
....
六月

јули
....
七月

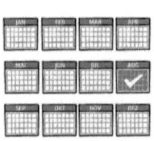

август
....
八月

септембар
....
九月

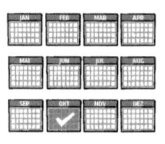

октобар
....
十月

новембар
....
十一月

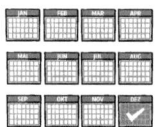

децембар
....
十二月

облици

形狀

круг
....
圓形

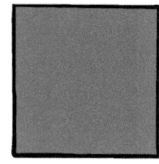

квадрат
....
正方形

правоугао
....
長方形

троугао
....
三角形

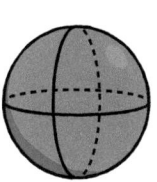

кугла
....
球體

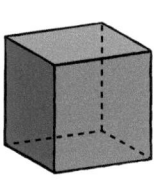

коцка
....
立方體

бела

白

жута

黄

наранџаста

橙

ружичаста

粉

црвена

紅

љубичаста

紫

плава

藍

зелена

綠

смеђа

棕

сива

灰

црна

黑

много / мало

很多/少許

љутито / мирно

生氣/平靜

лепо / ружно

美/醜

почетак / крај

首/尾

велико / малено

大/小

светло / тамно

明/暗

брат / сестра

兄弟/姐妹

чисто / прљаво

乾淨/骯髒

потпуно / непотпуно

完整/缺失

дан / ноћ

白天/晚上

мртво / живо

死/生

широко / уско

寬/窄

јестиво / нејестиво

可食用/非食用

зло / добро

邪惡/善良

узбуђено / досадно

興奮/無聊

дебело / мршаво

胖/瘦

на почетку / на крају

第一/最後

пријатељ / непријатељ

朋友/敵人

пуно / празно

滿/空

тврдо / мекано

硬/軟

тешко / лагано

重/輕

глад / жеђ

餓/渴

болесно / здраво

生病/健康

илегално / легално

非法/合法

паметно / глупо

聰明/愚笨

лево / десно

左/右

близу / далеко

近/遠

ново / половно

新/舊

ништа / нешто

沒有/有些

старо / младо

老/幼

укључено / искључено

開/關

отворено / затворено

打開/闔上

тихо / гласно

安靜/吵鬧

богато / сиромашно

富/窮

тачно / погрешно

對/錯

храпаво / глатко

粗糙/光滑

тужно / сретно

傷心/高興

кратко / дуго

短/長

полако / брзо

慢/快

мокро / сухо

濕/乾

топло / хладно

溫暖/涼爽

рат / мир

戰爭/和平

0

нула

零

1

један

一

2

два

二

3

три

三

4

четири

四

5

пет

五

6

шест

六

7

седам

七

8

осам

八

9

девет

九

10

десет

十

11

једанаест

十一

12

дванаест

十二

13

тринаест

十三

14

четрнаест

十四

15

петнаест

十五

16

шестнаест

十六

17

седамнаест

十七

18

осамнаест

十八

19

деветнаест

十九

20

двадесет

二十

100

стотину

百

1.000

хиљаду

千

1.000.000

милион

百萬

енглески

英語

амерички енглески

美式英語

мандарински кинески

普通話

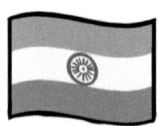

хиндски

印地語

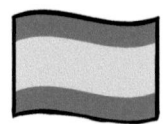

шпански

西班牙語

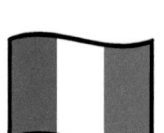

француски

法語

арапски

阿拉伯語

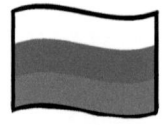

руски

俄語

португалски

葡萄牙語

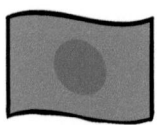

бенгалски

孟加拉語

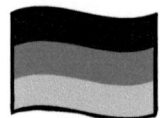

немачки

德語

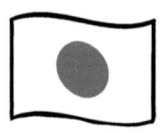

јапански

日語

ja

我

ти

你

он / она / оно

他/她/它

ми

我們

ви

你們

они

他們

Ко?

誰？

Шта?

什麼？

Како?

如何？

Где?

何處？

Када?

何時？

HELLO, I AM

име

名字

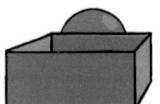

иза

後面

у

裡面

испред

前面

преко

上方

на

上面

испод

下麵

поред

旁邊

између

中間

место

地點